COULEUR DE L'INFINI

Lydia Montigny

Couleur de l'infini…

…je n'ai pas fini d'en peindre les mots…

©2018, Lydia Montigny

Éditeur : BoD-Books on Demand, 12/14 rond-point des Champs Élysées, 75008 Paris, France
Impression : BoD-Books on Demand, Norderstedt, Allemagne
ISBN : 978-2-3221-0482-6

Dépôt légal : Février 2018

PAS FINI…

Je n'ai pas fini
De croire aux sentiers délaissés
Ceux où j'ai laissé
Mon cœur se fêler, se briser,
Et puis de casser…
Je viens le ramasser
Le défroisser, le recoller,
Pour te le confier
Et te savoir le protéger…

Je n'ai pas fini
De compter l'or
Du soleil qui fuit et dort
En cachette jusqu'à l'aurore…
Je serai le diamant sur ton corps
Qui brillera comme un trésor…
Tu es mon île, ma vie, mon sort…

Je n'ai pas fini
D'inventer un alphabet
Pour que les mots ainsi composés
Ne puissent jamais s'effacer…
Je n'ai pas fini de graver
Ma vie près de ta vie…
Je n'ai pas fini de t'aimer…

Il serait dommage d'avoir

la mémoire

d'une bibliothèque

et d'oublier d'être

Heureux…

Ecoute ces notes de musique
Dans mon cou mélancolique
Et ces sons glissant encore
Sur les courbes de mon corps…

Parle-moi de n'importe quoi,
Les mots sont dans ta voix
Comme des chiffres inconnus
Comme un « O » délicatement nu…

Lis dans la couleur de mes yeux
Tes désirs qui prennent feu
Dans ce silence merveilleux,
Dans ce jeu, fais un vœu !

Viens, le temps nous comprendra
Dans la douceur de notre cœur
L'amour est toujours là
Dans ces mots… Mélodie du bonheur…

« Tout le monde »
N'existe pas

Puisque « Personne »
N'est là...

Des millions de gens
A jamais comprendront ça
Mais Toi,
...Tu es là...

COMME UN CADEAU

Comme un cadeau
Il l'aime simple et beau
Sans oublier l'emballage
Bel outrage ou sensuel habillage…
Et puis par-dessus tout,
Le ruban absolument troublant…
Il hésite, le regarde, le dénoue
Du bout des doigts,
Doucement, comme un compliment
Juste sous ses yeux, elle est là…
Comme un cadeau…
Que chaque jour soit simple et beau…

VIE

Pourquoi l'averse nous berce
Et réveille sous ses perles
Le murmure des abeilles,
La nature enchanteresse ?
C'est la VIE !

Qui est l'homme qui s'en va
Trop courbé et d'un pas las
Sur ce chemin de bruyère ?...
Sa mémoire est à Hier...
C'est la VIE !

Pourquoi l'enfant pleure-t-il
Et serre-t-il si fort les poings ?
Il lui faudra toute une vie
Pour ouvrir ses deux mains
C'est la VIE !

        .../...

…/…

Mais où se cache le jour
Quand la nuit vient endormir
Tous les jouets du Zéphyr,
La Terre tourne-t-elle toujours ?
C'est la VIE !

Comment volent les oiseaux ?
Et où s'en vont les ruisseaux,
Et les vagues de l'océan,
Les fleurs du Printemps ?
C'est la VIE !

On dit qu'un grand amour
C'est une Eternité...
Nous connaissons le Jour
Où elle a commencé...
C'est Notre VIE !

L'ECOLE

La vie est une grande école
Pleine de leçons et d'heures de colle,
Y a-t-il besoin d'un professeur ?
On n'y conçoit même pas l'heure…

On y apprend toutes les lettres
Et tous les sons pour faire des mots
Leur vraie valeur ne saura naître
Qu'au premier duel, premier duo

Elle nous élève dans des phrases
Au cœur de braise ou bien trop sage,
Faut pas les prendre pour des nuages
Ni déchirer toutes ses pages

On y apprend les numéros
Les chiffres et codes à opérer
Il faut savoir qu'être premier
Ne se calcule pas sans zéro

On nous apprend à dessiner
Des ciels bleus ou étoilés
Si on disait la vérité
Il n'y aurait pas assez de papier

…/…

…/…

La vie est une grande école
Dont tu me donnes la clef de sol
Petit enfant deviendra grand
S'il serre les poings et montre les dents…
Heureusement que l'océan
Des sentiments ignorent le temps.

Il est de bon augure

de ne point rester assis sur ses rêves,

mais plutôt de tout tenter

pour les réaliser...

Est-ce-à-dire que l'amour

nous donne des ailes ?

CRUCIVERBISTE

Aujourd'hui, je n'écris rien
Tes mots seront les miens
A savoir si leur chemin
Croisera mon destin

... VIOLENCE...

Sur le ring de la vie
Tu salues ton ennemi...
Tu as passé tant d'heures...
A t'entraîner en sueur
A courir, à sauter,
A mimer de frapper,
A imaginer le jour
Où vient enfin ton tour
Et tu vas le gagner
Avec la plus pure volonté...
Tu as porté les poids
En grimaçant parfois
Du déshonneur des mots
D'insultes tels des KO,
Tu connais les coups bas
Les mensonges parfois,
Mais aussi les esquives
D'offensantes offensives.
La cloche sonne déjà,
C'est la fin du combat...
A force d'avoir mal
Tu ne sais plus très bien

.../...

.../...

Où est le bien du mal
Mais ton cœur est serein
Même si tu ne dis rien...
Sur le ring de la vie
Tes gants sont de dentelle
Et ton combat pour elle
C'est ce lion qui rugit...

Tu t'es assis ici,
Dans le soft sofa,
Les jambes croisées ainsi,
Les yeux posés sur moi,
Et tu m'as demandé...
Par où, par quoi commencer...
"Qu'importe... L'important
N'est une question de temps"...
Tu m'as soufflé dessus
Souriant et ému
Et je ne bougeais plus
Tes doigts sur ma peau nue.
On ne s'est plus quittés
Jusqu'au lever du jour
Et je t'ai regardé
Dormir, bercé d'amour,
Mon corps contre ton corps
Lourd de ce secret en or.
Tu as ouvert les yeux
D'un si joli gris-bleu
Juste pour m'y noyer...
Lecture inachevée...
Mais je n'oublierai pas
Qu'un livre n'oublie pas...

Signé *: **Ton Livre**...*

On dit que l'on peut aimer

sans parole,

sans fleur,

sans sourire,

sans musique,

mais ce n'est pas aimer vraiment…

Je sais seulement

que l'on peut aimer…

sans limites…

PARIS

J'ai aimé tes hauteurs
Architectures de couleurs
Tes cours scandaleuses,
Modernes et ravageuses,
Et ses maisons serrées
Toutes de pierres édifiées,
Sculptées et décorées
D'un siècle outrepassé…

J'ai aimé regarder
Tous ces gens pressés
Ces badauds bousculés
Ebahis de beauté,
Tous étaient mélangés
De pays éloignés,
Venant là témoigner
En quelques chassés croisés
Qu'on peut s'émerveiller
Et même se parler
Dans une langue ignorée…
Les cultures mêlées
Tenues dépareillées,
Que de charme bigarré !

…/…

…/…

J'ai aimé naviguer
Sur la Seine vert-doré
Avec ses bateaux bariolés
Sur les quais accrochés.
J'ai aimé regarder
De la tour de fer
Ce Paris tout entier,
Qui n'en serait pas fier ?…

MIROIR

Comme un miroir devant moi
Déclarant chaque fois
A la vue de ton mirage
A la face de mon visage
L'existence d'une vie
Et ton reflet me sourit...

Comme un miroir innocent
Projetant dans mon cœur
Ton regard plein de bonheur
Rayonnant et si troublant...

Comme un miroir face à moi
C'est toujours toi que je vois
Ma vie ne pourrait exister
Si ton reflet ne me survivait...
Réfléchis-moi la douce image
De l'amour si pur, si sage...

Le catene non esistano piu

si tienen el canto

de tu appellido...

QUI ?

C'est une fleur à peine éclose
Un loup des neiges dans la nuit
Un oiseau dans le matin rose
Une panthère qui se tapie

C'est un grand pleur qui implose
Un bout de rêve dans sa vie
Un roseau dans tes mains de prose
Une âme en peine qui s'écrie

C'est un regard aux mille éclairs
Charme, colère ou jalousie
C'est un cœur tendre et corps de pierre
Que tu façonnes à l'infini

C'est un rempart, une frontière
Une chapelle qui prie sans bruit...
Qui est la clef de son mystère ?
Elle vit sans bruit sa vie pour lui...

Un sourire ?

C'est un rayon

de Bonheur !...

Attends
Que le jour se lève
Pour voir son dernier rêve
S'évanouir tendrement
En te regardant

Attends
Que la nuit douce et bleue
Glisse son satin soyeux
Sur son corps langoureux
Sous le feu de tes yeux

Attends
Que l'amour caresse
La délicatesse d'une promesse
Dans la magie de l'instant...
Attends... mais pas trop longtemps...

... DOUCEUR...

Dans la quiétude du matin
La vie s'éveille sous le satin
Des suaves rayons du soleil
Encore tièdes de sommeil...

Quelle est cette douceur étrange
M'effleurant comme une caresse
Cette patience qui dérange
Le calme de ta tendresse ?...

Dans la légèreté du soir
Nait la force de cette histoire
Apprivoisant avec élégance
La vie... dans la douceur de cette chance...

La neige est là...

De son silence blanc

Elle tait les pas si lents

Alors je cours vers toi...

J'ai jeté les dés
Que tu m'avais donnés
Dans la case du bonheur :
Tu as gagné mon cœur…

Le destin a écrit là
Ce que tu m'as dit tout bas
Et depuis ce jour-là
Je ne vis que pour toi…

J'aimerais apaiser
Les batailles et les guerres
Que tu livres sans trêve
A ceux qui n'aiment pas le rêve…

J'ai regardé la photo
Et j'ai écrit au dos
Mais elle ne répond pas
Quand j'ai besoin de toi.

Alors j'ai jeté les dés
Que tu m'avais donnés…
Rien ne les arrêtera
Si ce n'est ton pas…

La vie

est un grand bal masqué...

J'ai hâte qu'il fasse nuit

pour savoir

qui je suis...

SANS TOI ?

Comment imaginer sans toi
Une vie où tu ne serais plus ma loi ?
Comment faire un simple pas...
Sur un chemin où tu n'es pas ?
Une raison d'être ne s'invente pas
Mais elle se vit tout près de toi
Elle est née là, et on y croit
Entre nous deux, elle grandira...
Comment imaginer sans toi
Demain, un rêve qu'on n'oublie pas ?
Comment imaginer sans toi
Une vie qui n'existera pas
Une vie sans vie sans toi...

A CRIS, mon « GROCHIEN »…

J'ai rangé mon gros pull,
Mes chaussettes de laine,
Ma parka de toile marine
Si usée par les années
Qu'elle n'a même plus de poches…
Et puis cette grande écharpe
Où je cachais mon nez
Lors de fortes gelées
Ou bien de vents glacés…

J'aimais par tous les temps
T'emmener promener
Tu étais toujours prêt
A mettre, et seul, ton collier !
Le vent, le soleil, la pluie
Ne nous arrêtaient jamais
Et la neige… La neige…
Je ne te verrai plus
Enfouir ton museau dedans
Te rouler, t'ébrouer, courir et sauter
Et puis me regarder
Pour me faire rire encore !…

…/…

…/…

Je ne verrai plus
L'empreinte de tes grosses pattes
Et ces énormes boules
Que tu faisais rouler
Dans les champs enneigés…
Nous n'irons plus explorer
Les sentiers abandonnés,
Les rochers escarpés,
Les forêts aux sentiers
Sauvages où l'on s'attendait,
Ni les rivières de l'été…
Tu y jouais toute la journée
Nageant à contre-courant
Tu gagnais tout le temps !
Et puis tu allais pêcher
De gros galets tout ronds :
En mettant la tête dans l'eau
D'énormes bulles tu faisais !
Le jeu était partout…

…/…

…/…

Dès le mois de juin
Dans ces petits chemins
Tu grignotais les fraises des bois
Puis les cerises noires
Et les mûres cueillies tièdes
Dans le seau posé là !
Et puis pommes ou poires
Sauvages et parfumées…
Je ne te verrai plus
Poursuivre les tourterelles
Les rouges-queues moqueurs
Les chats voisins bagarreurs
Et ces insectes piqueurs
Dont tu nous protégeais

Tu aimais tant les fleurs
Le doux parfum des roses
Le goût des pâquerettes
Mais tu détestais
Les voix qui s'élevaient
Ces chiens ou ces gens qui criaient
Ils avaient ta réponse… grognée !
Tu aimais ces heures
Passées à te « coiffer»
Fier, savourant le calme de ce bonheur
A te faire dorloter…

…/…

…/…

Un jour, tu m'as trainée en douceur
Pour gravir la colline
Il fallait y arriver,
Il fallait respirer…
Tu avais tout compris…
Nous y sommes arrivés, merci…

J'ai tant de peine
Tant de mal à croire encore
Que je ne te verrai plus
Qu'on ne jouera plus
Qu'on ne s'arrêtera plus
Pour écouter le bruit du vent
Ou le chant des oiseaux
Les pas des animaux
Cette nature si simple, si pure…
Alors, on ne se regardera plus
Avec… « tout ça » dans le regard ?
Te voir pencher la tête
Aux mots qui te plaisaient ?...

…/…

…/…

Il faudra du temps et du temps
Pour calmer ma douleur
Mais mon cœur gardera
Intact tous ces beaux souvenirs…

On se retrouvera un jour
Et à nouveau, contre moi,
Je te serrerai fort…
Il parait que tu veilles
En silence sur nous
Et dans les nuits sans sommeil
Tes souvenirs sont là…
Seule, je marcherai encore, encore,
Dans un silence lourd et fort
Mais si tu me vois tomber,
Trébucher ou pleurer,
Dis-moi que tu viendras
Encore une fois
Comme ça,
Et peut-être que tu aboieras…

Là où l'Homme voit un champ
Le Poète voit des fleurs,

Là où l'Homme voit des fleurs
Le Poète voit une fleur,

Là où l'Homme sourit à une fleur
Le Poète, ému, lui offre son cœur...

... RIEN DU TOUT...

Avec un petit Rien
On peut faire Tout,
Même avec un Rien du Tout...
Rien de plus, Rien de moins,
Et ce n'est pas Rien !...
Comme si Rien était zéro
Et Tout était un,
Le binaire n'est pas faux
Mais l'avenir ?.... un-certain ?
Dans ce silence qui est Rien
Ta force devient Tout,
Le calme si confus est si fou...
Quelle paix, l'air de Rien...
Tu veux que je te dise Tout ?
Tu sais Tout
Quand je ne dis Rien...

Prendre le temps sans rien prendre
Le temps de t'attendre
T'attendre et comprendre
Te comprendre sans me défendre
Du temps pour apprendre...
Et toujours nous surprendre...

A CETTE HEURE ...

J'aime ce vent
Qui me bouscule en soufflant
Et m'étire les bras ouverts
Comme une étole dans l'air...
Je flotte et il bondit...
Tournoie, monte et se tord
Dans le crépuscule d'or...
L'air est dans la Vie...

J'aime cette pluie
Aux gouttes lourdes et rondes,
Dégoulinant furibondes
Sur mon visage souriant
Et sur mon corps brûlant...
Je cours dans son doux bruit
Saute dans ses flaques, ravie !
Eclaboussons la vie !

J'aime cette heure
Où tu lis mon bonheur
Imaginant encore
Ce que murmurerait l'aurore
Dans le silence de tes bras...
J'aime cet orage arrivant déjà...

La douceur incline au respect, à la compréhension, au calme...

C'est la force transparente et sensible, palpable par celui qui sait prendre le temps de la découvrir...

Alors je veux prendre le temps d'écouter ce que tu prendras le temps de me dire...

A S'Y PERDRE...

Je me suis perdue
Sur une page inconnue
Ecrite en toutes lettres...
A l'encre de mon être...
Je me suis retrouvée
Sur une plage nue, émue,
A rire en couleur
Des larmes de bonheur...
Je me suis perdue
Ne me quitte jamais plus...
Le monde était trop grand,
A s'y perdre... L'amour est transparent...

Il a pris un pinceau

Pour tracer un chemin

Entre hier et demain

Il a posé des mots

Sur le présent certain

Dans le creux de mes mains…

IL ETAIT UNE FOIS

La vie joue des tours,
De belles blagues, des détours,
Des surprises tout autour,
Des retours, des « ciao »... « Bonjour ! »...

Il était une fois...
Quand leur route se sont croisées
Leur destin s'est lié, scellé
Un enfant est né ?
Un enfant est né !
Oui... et encore ! Trois enfants à jouer
Se chamailler, rire et crier,
Adorables farceurs
Qui sont la force de leur cœur.

Il était une fois...
Le temps avait fait un choix
Et sur leur demain une croix
Des vies éparpillées
Brouillées, rayées, barbouillées...
Il a fallu se reconstruire
Loin de l'autre et tout enfouir...

.../...

…/…

Il était une fois…
Parce que le temps n'a pas raison
D'où renaît la passion
Parce qu'il n'y comprend rien
Mais le cœur, lui, il sait bien…
Aujourd'hui, c'est un pas
Demain, vous serez là
A rire comme autrefois
Redécouvrant… la vie…
A son jeu, elle vous a pris !
Il était une fois ?
Soyez heureux, enfin…

Du bout des doigts

On dessine le chemin parcouru,

Alors la lumière du cœur

Illumine chacun de nos pas…

ELLE EST PARTIE…

Elle est partie…
Pour quoi ? Pour qui ?

Il reste des souvenirs
Egarés, sans avenir,
Qu'il essuie de la main
Quand ils coulent au coin
De ses yeux… Tristesse,
Et rage, ébahi de bassesses,
Il va et tourne en vain
Ne sachant plus très bien…
Pourquoi n'a-t-il pu voir
La malice de son art ?
Naïveté ou confiance ?
Quiétude ou négligence ?
Elle a joué à mentir
A qui ? Qui est qui ? Tout anéantir…
Tel Narcisse devant son reflet
Sa prison va sur elle, se fermer…

Maintenant la solitude fredonne
Et chaque bruit résonne…
Demain il s'en relèvera,
Et heureux, il l'oubliera…

Il est un pays

où l'on croise des heures naïves

dans ces chemins fleuris,

alors la tiédeur de la brise

offre le serment

d'un sentiment indélébile...

« Ne pleure pas »
Non, sois libre et conscient de tout,
De ce monde cruel et jaloux,
De cet amour doux et fou,
De dire, de faire,… Oui ! Avoue !...

« Pleurer ? »
C'est la force dans tes mots,
Cet instant unique et beau,
L'émotion qui laisse couler
Cette vie de larmes adorées…

« Pleure ! »
Irrésistible, fort donc sensible
Tout a raison d'être, raison invincible…
Apaise ton âme, et la force du bonheur
Si intense dans ton cœur,
Sera l'authentique émotion…
« Ris ! Aime ! Crie ! Pleure !... Sensibles soyons » …

DIS-MOI…

UN MOT,

Comme une pierre tombée dans l'eau
Qui éclabousse et fait des ronds…
…à l'infini…

DIS-MOI…

UN MOT

Comme l'éclat de ton rire en plein cœur,
Qui brillera de mille éclats dans ton sourire
De mille éclats dans tes yeux
…à l'infini…

J'ai jeté les mots
Pour oublier la douleur,
La couleur de la peur,
La profondeur de l'eau,
La brûlure du vent...
Et les sables mouvants...

J'ai jeté les mots
D'une prière inachevée,
D'un "ave" désœuvré
Dans mes mains fatiguées,
Les larmes ont tant coulé
Dans mon cœur et sur ma peau...

J'ai jeté les mots
De dégout, des jaloux
De ceux qui ne vont pas au bout
De leurs rêves trop fous
Pour que vivent enfin les beaux,
Les sages, les petits et les doux,
Tous ces mots que j'écris
Avec les lettres de ta vie...

Le temps

excuse tout...

alors

sache pardonner...

SECRET

La nuit crie, la nuit se tait…
C'est un secret
Entre elle et moi,
Elle ne parle que de toi…
La nuit s'enfuie
Je ne dors pas
La vie crie, s'écrit…
Tu n'es pas là…
La Vie rit, la vie ravit
Ecrit son secret
Sous la lune qui luit
Elle sait… qui tu es…

1000 PAS VERS TOI

Il y a mille pas pour me mener jusqu'à toi
Il n'y a pas un chemin qui m'en éloignera

Il n'y a qu'un silence pour nous comprendre
Il n'y a qu'un mot pour nous en...tendre

Il n'y a qu'un geste pour me convaincre
Une seule lumière pour me vaincre,
Une ombre pour m'éteindre
Un espoir pour m'atteindre

Il n'y a qu'un regard pour me faire rêver,
Un seul sourire pour me faire oublier…

... FORCE ...

Les mille et une raisons

qui auraient été inventées,

n'auront jamais la force

de celle que tu m'as donnée…

DIS-LUI

Dis-lui,
Si tu peux, oui dis-lui
Quand il part tout fini
Et s'éteint sur ma vie,
Mon Soleil, c'est lui
Et j'ai peur de la nuit

Dis-lui,
Que sans lui, que la vie
C'est l'hiver et la pluie
C'est une larme qui grossit
Un torrent qui jaillit
Une mer en furie

Dis-lui,
Juste un mot, mais dis-lui
Que je l'attends, mais dis-lui
N'importe quoi, je ne suis
Rien quand je pense à lui
Rien si je vis sans lui

.../...

.../...

Dis-lui
Je t'en prie, mais dis-lui
Mon espoir c'est lui
C'est la vie qui nous l'a dit
Dis-lui, que je n'ai que lui

Dis-lui, que je l'aime
Tout simplement... dis-lui...
Dis-lui...

A force de rêver

que tu flottes dans le bleu du ciel,

Tu vas plonger

dans le regard

d'un dieu…

EN EQUILIBRE

Dans cette force libre, cette harmonie
Il n'y a pas de chute dans l'absence de ce vide
La délicatesse de la chorégraphie
Est une volupté physique si candide,
Si tangible, mais sagement exceptionnelle....
La vie est équilibre, douleur et douceur
Une raison comme des ailes
A un amour en apesanteur...

LE PETIT CLOWN

C'est au grand cirque de la vie
Que le jour hisse son chapiteau,
Sous les lumières ? Les numéros ......
On crie, on pleure, on applaudit...

Comme au grand cirque de la vie
C'est le clown qui m'attendrit...
A ses grands habits bariolés
A son nez rouge, à son chapeau
Bien sûr vous le reconnaîtrez !

Vous allez rire et applaudir,
C'est le plus Fou des numéros !

Mais je connais ses longs soupirs
Quand il dépeint seul son visage
Devant ce miroir trop sage...
Il pleure sans bruit le cœur en peine
Lourd de l'Amour de celle qu'il aime...
Pur comme le diamant ou l'or,
L'Amour est toujours plus fort

.../...

.../...

Un petit clown dans la nuit
S'en va marchant dans la poussière
Des étoiles du chapiteau...
Il attendra sa vie entière...

Au petit clown dans la nuit
Qui vit en rêve sa drôle de Vie
Au clair de Lune, j'écris pour lui
... Chut !.... Il s'endort, il est minuit...

LA VALISE

Dans un coin du grenier
Une valise fermée
Attend depuis des années
D'être dépoussiérée.
Elle a tant de trésors
Dans son sein, dans son corps,
Il semble que le temps
Ne soit jamais entré dedans
Et presque, vus de dehors
Les souvenirs soient morts…

Les photos sont rangées
En fantaisie ordonnée
Tous ces fragments de vie
Sont des jours sans un bruit…
Elle s'est assise tout près
De la valise fermée ;
Le couvercle s'est levé,
Grinçant de se réveiller…

Ses yeux se sont posés
Sur les photos cachées,
Le passé appartient
Au présent de ses mains.

…/…

…/…

Mais la vie l'étourdit
La soulève et rebondit
Les visages et paysages
Repoussent les outrages
De cette aventurière
Avide de lumière…

Lasse, elle échappe un soupir
Dans un tendre sourire
Et les photos se rangent
Dans un silence étrange…
Elle regardera jusqu'à la nuit
Le puzzle de la vie,
Puis elle refermera
La valise, et s'en ira
Gardant entre ses doigts
Une seule photo… il était …une fois…

L'onde et ses flots mêlés aux cieux,

L'onde des mots au bord des yeux,

Le Zéphyr s'effile, souffle tiède au tiaré,

Le Zéphyr s'incline sous le chaud alizé…

Mais il n'est de vent plus joueur

Que celui qui chante dans mon cœur…

PENSER A TOI

A penser si fort à toi
Le temps ne passe pas...
Il est échoué, immobile
Naufragé de mon âme sur ton île...
Je te serre contre moi...
Et dans le vide de mes bras
Je ferme les yeux, sans un mot
Sans pouvoir empêcher un sanglot
Puisque tu n'es pas là...
C'est un cœur qui bat
Sans raison, sans écho, tout bas
Dans l'absence d'un «toi»...
A penser si fort à toi
Tu deviens l'invisible réalité
Et j'y crois,
Comme un cadran solaire
Attend que le jour soit
Pour devenir ton ombre de chair...
Laisse-moi encore penser
Que tu es enfin là, devant moi…

La gentillesse ...

C'est l'instant d'un partage

que l'on offre

avec... délicatesse...

... L'ARCHITECTE...

J'ai construit tant de mots
De phrases et de poèmes,
Tels des ponts sur les eaux,...
D'amour dans les veines,
J'ai écrit tant de lettres
Sur les lignes de mon être
En couleur, en relief ou en noir,
Pleins de rires, de pleurs, mais sans gloire...

J'ai bâti tant de poésies
De passion, de folies, de raison
Que je pose ma plume sur l'horizon
Et signe tel un architecte de la vie
D'un point rond, dans l'absolu...
J'ose croire en l'infime et intime espoir
Que de ton monde tu pourras enfin me voir
Alors modestement, j'en construirai un de plus...

1 jour 100 toi

C l'éko ki se T

...se T

...T

...T
...T.....

Bravo !
Bravo au clown audacieux
Qui trébuche et se relève heureux,
Au magicien qui croyait bien
Que cet arc en ciel était le sien...

Bravo !
Bravo encore à l'inventeur
Et ses aïeux d'un futur antérieur,
Bravo aussi au professeur
Sage penseur et combien compositeur

Bravo !
Bravo au musicien du destin
Jouant des nuances pour Wallin
Bravo c'est ta main dans ma main
Qui se prennent pour... « de-main »...

IL EST ASSIS

Il est assis
Au bout de son rêve,
Balançant ses pieds
Dans le vide bleuté,
Happé par cette nuit
Si douce, si brève...

Il cherche du regard
La silhouette de l'espoir
Qui lui fera signe
Et tracera sa ligne.
Il tâtonne au hasard
Du bout des doigts
Dans le brouillard,
Ce doux songe soudain
Troublant et incertain
Pour trouver le pourquoi,
Pour effacer la peur
Dévorant son bonheur...

.../...

…/…

Il est assis
Au bord de son rêve
Attendant que le glaive
De l'amour l'achève
… Ou lui redonne vie…

Il est très inconfortable de marcher avec des chaussures trop petites ou trop grandes...

Il en est de même avec chaque personne que l'on rencontre au long de notre vie : parfois on se met à marcher plus vite, à changer de direction, d'autres fois à s'arrêter...

Et puis il y a la personne avec qui l'on veut faire un bout de chemin, voire plus loin, et puis un jour dans un même rythme de pas, tout simplement danser... sans retenue, sans crainte, et les pieds nus...

… J'éclabousserai de rires

Nos plus beaux souvenirs

Et la pureté de ta larme

Rendra éternelle nos âmes…

FACE AU VENT…

Debout, face au vent
Je résiste aux assauts
De ses gestes soulevant
Embruns et gerbes d'eau…
Comme au milieu d'une foule
Il me bouscule de sa houle,
A perdre l'équilibre
Et disperser toutes les fibres
Me serrant dans ce tourment…
Le vent est ensorcelant…
Il m'essouffle et me pousse
Dans sa tornade douce…
Debout, face au vent,
Les bras ouverts à la vie,
Je ferme les yeux et attends
Que la douceur de la nuit
Vienne délicatement
Jouer dans le carillon de bois…
Dans ce vent, je ne résisterai pas
Au souffle de ses sentiments…

Par-dessus l'Infini

Il y a toi…

Je n'ai pas fini

De vivre d'amour…